ORATÓRIA

A arte de se comunicar

Mesmo autor de

A Busca do Triunfo

"Na arte de se comunicar bem, está um dos segredos do sucesso"

Uma obra de:
Edgar Farinon

Contrate nossos serviços:

escritoredgarfarinon@gmail.com

Prezado leitor,

Caso teu intuito seja utilizar este livro para um grupo de alunos, favor verificar a possibilidade de contratar o autor ou alguém de sua equipe para o ministrar o curso.

Inclusive online.

Adquira também o livro do professor

Índice

Sobre o autor   6

Carta do Autor   8

Introdução   10

Capítulo I: O medo de falar em público   14

Capítulo II: A voz   24

Capítulo III: O uso do vocabulário   29

Capítulo IV: Expressão corporal   33

Capítulo V: Falta de atenção da plateia   43

Capítulo VI: Improviso   49

Capítulo VII: O ambiente   52

Capítulo VIII: Preparação de um discurso   56

Capítulo IX: Gafes a serem evitadas   64

Capítulo X: Participação do público   69

Capítulo XI: Discurso lido   79

Capítulo XII: Fala decorada   83

Capítulo XIII: Uso do microfone   88

Capítulo XIV: Perguntas frequentes dos alunos   91

Sobre o autor Edgar Farinon:

Autor do livro de sucesso **"A Busca do Triunfo"**, vendido internacionalmente nos principais países, atualmente está escrevendo um livro sobre a importância da comunicação na vida pessoal e profissional.

Foi diretor de rede do Instituto CCAA e responsável pelo treinamento de pessoal nas unidades, nas áreas de metodologia, gerenciamento, marketing, secretaria e vendas.

Participou de vários cursos ministrados pela Geapo no Rio de Janeiro, Joinville e Curitiba, pelo Grupo Waldir Lima no Rio de Janeiro, Foz do Iguaçu, Cascavel e Florianópolis nas áreas de administração, financeira e vendas e diversos cursos na área de logística e ministração treinamentos pela Amazon do Reino Unido.

Atuou como gerente de treinamentos na formação de profissionais nas áreas de ensino, vendas e gerenciamento pelo Grupo Outstanding em Curitiba, onde também era palestrante e responsável pelo treinamento de assessores e supervisores na área de vendas.

Foi gerente geral do Grupo E-Commerce, onde era responsável pela condução e treinamento de equipes e na formação de assessores, consultores, supervisores e gerentes nas áreas de vendas, administração e pedagogia.

Também professor de oratória na Universidade Univille em Joinville, Brasil.

Atualmente atua como palestrante e professor nas áreas de motivação, mentalidade, brainstorming, vendas, gestão de pessoas e áreas afins. Além de escritor, trabalha como instrutor para a Amazon do Reino Unido e paralelamente disponibiliza treinamentos mundialmente, atuando mais enfaticamente no Reino Unido e no Brasil.

Já prestou serviços para grandes empresas como: Banco do Brasil, Besc, Univille, A Igreja de Jesus Cristo dos Santos dos Últimos Dias, CCAA, SRE, Amazon e outras.

Morou no Brasil, Itália e atualmente no Reino Unido e já visitou a Irlanda, Eslovênia, Escócia, Paraguai e Argentina visando seu aperfeiçoamento cultural e profissional.

Edgar Farinon se destaca pela simpatia e proximidade com seu público, mantendo contato com quem lhe escreve.

Em seu site "www.edgarfarinon.com", pode ser encontrado material vasto para uso no dia a dia, como palestras, textos e vídeos.

Carta do autor

Buscamos nesse curso, não apenas ensiná-los a arte de falar em público, mas também a arte da comunicação ao público.

A comunicação vai muito além de palavras, podemos nos comunicar com um gesto, um olhar, um ato de calar-se...

Analisando os animais descobrimos que apesar de não conseguirem articular palavras, se comunicam melhor que nós em muitos casos. Veja o exemplo de um bando de pássaros, um voa do bando e os outros permanecem onde estão, mas se um avista o perigo basta um pequeno gorjeio e todos fogem, não questionam, não duvidam, simplesmente agem conforme a mensagem. Na arte de se comunicar está o segredo do sucesso.

Para ser bem-sucedido, temos que aprender a nos comunicar com as pessoas de maneira a sermos aceitos. Ouça com atenção e fale sobre assuntos do interesse da pessoa que está te ouvindo.

Você talvez esteja se perguntando o que isso tem a ver com oratória. Digo-lhe que tem tudo a ver, pois quando estiver falando para uma multidão, terá que falar individualmente, esquecendo de serem muitos, pois para o ouvinte ele é único, a mensagem é para ele. Então para começar tenha em mente o primeiro grande segredo da oratória: fale individualmente e se convença que falar para um é o mesmo que falar para um milhão, cada ser receberá a mensagem como se fosse único.

A oratória é usada no dia a dia toda vez que nos comunicamos com alguém, seja através de um gesto, expressão facial ou mesmo de palavras. Ao conversar com um amigo, namorada, cliente, professor ou com qualquer pessoa que seja, estamos colocando em prática a oratória.

O sucesso profissional de um advogado, vendedor, professor ou qualquer outro profissional, vai depender da comunicação eficiente.

O fato de estar lendo este livro significa que você é ciente que precisa melhor se qualificar, sendo assim, o grande passo já foi dado, agora cabe a você se dedicar ao máximo para poder aprender a colocar em prática todas as técnicas que serão ensinadas.

O autor
Edgar Farinon

Introdução

Oratória - A arte de se comunicar. Não de falar, mas de se comunicar.

Hoje um dos males que assolam o mundo é a falta de comunicação.

Afinal, o que é a comunicação? Segundo o dicionário português, comunicação é: "Transmissão de informação".

Oratória é considerada "a arte de falar em público". Sendo assim buscamos nesse curso, não apenas ensiná-los a arte de falar em público, mas sim a arte da comunicação ao público.

Se observarem os diálogos... ou monólogos? Saberão que normalmente as pessoas não se comunicam, apenas falam e querem ser ouvidas. Enquanto um fala, o outro aguarda desesperado o momento para falar. A conversa do primeiro, não interessa muito ao segundo e assim o mundo vai cada vez mais se afundando na incomunicabilidade; assim se constrói relacionamentos frios, sem durabilidade. Se comunicar é primeiramente saber ouvir. Ouça com atenção e granjearás muitos amigos. Mas se comunicar com pessoas conhecidas é difícil, o que dizer da oratória? Não direi eu ser a oratória difícil, mas negligenciada. A maioria das pessoas que falam em público pensa que estão fascinando a plateia quando, na verdade, estão muito longe de poderem ser consideradas oradoras.

Falar em público envolve muito mais que vontade.

Quantos não são os amigos chatos que não gostamos de ouvir. Os professores que não simpatizamos apesar de nunca nos terem agredido, salvo pela maneira desgovernada de falar.

Questionário sobre a introdução:

Responda:

1- O que é a Comunicação?

____

____

____

_______________________________________.

2- O que é oratória?

____

____

____

_______________________________________.

Principais tópicos que serão abordados no correr do curso:

- *O uso da voz*
- *O uso de vocabulário*
- *Expressão corporal*
- *Motivos e como contornar a falta de atenção da plateia*
- *Falar de improviso*
- *Cuidados especiais quanto ao ambiente*
- *Preparação de um discurso*
- *Gafes a serem evitadas*
- *Participação do público*
- *Características de: palestra, workshop, seminário, coaching, treinamento e curso*
- *Discurso lido*
- *Fala decorada*
- *Uso do microfone*

Capítulo I

O medo de falar em público

Começaremos esse curso falando sobre o medo das pessoas de falar em público, pois sabemos ser este um grande obstáculo que incomoda até renomados oradores. Dominando melhor o medo você estará mais preparado para aprender as próximas lições.

Quando falo do medo, me recordo de um professor de religião que dava aula todos os domingos e passava mais da metade da aula com a voz trêmula. Existem também oradores que ficam tão nervosos que simplesmente esquecem o conteúdo do que iriam falar. A arte de falar ao público deve ser uma experiência gratificante e não uma tortura psicológica.

Treinar é indispensável para se sair bem, porém não se esqueça que treinar não significa decorar, essa é uma maneira ultrapassada de se estudar o conteúdo e extremamente perigosa, já que esquecendo uma frase podemos comprometer todo o discurso. *Devemos estudar o conteúdo para conhecê-lo, sem nos preocuparmos com as palavras exatas que usaremos.* Isso é fácil de se fazer se conhecermos a fundo cada item a ser abordado. A partir daí, explicar como funciona é fácil, afinal você está falando de um assunto completamente dominado e pode assim abordar o assunto de diversas maneiras com facilidade e habilidade.

Uma maneira fácil de recordar os assuntos a serem tratados é criar uma estória na mente. Veja o exemplo abaixo:

Você precisa falar sobre os buracos na rua, o problema de recolhimento do lixo, os problemas de saúde causados pelos refrigerantes e o abandono de cachorros na rua. Você então se imagina dirigindo um carro, cai num **buraco**, para, junta um monte de **lixo** caído fora da lixeira e com ele fecha o buraco, entra na lanchonete e compra um **refrigerante**, toma-o, mas se sente mal. Ao sair, um **cachorro de rua** late para você que entra no carro e vai embora.

Agora que você tem a estória montada em sua mente, você conseguirá lembrar a sequência dos assuntos a serem abordados: buracos na rua, recolhimento do lixo, problemas de saúde causados pelos refrigerantes e cachorros de rua.

Outra maneira que gosto muito é usar slides, assim eles me lembram dos tópicos e também fica atrativo para a plateia.

Podemos também usar ambas as técnicas.

Outras técnicas podem ser criadas. O importante é que, assim sentiremos mais segurança, faremos uma melhor apresentação e sim, isso ajudará a diminuir o medo.

Tenha já definida a introdução, pois esta é a parte mais complicada devido o nervosismo que assola a maioria dos oradores na entrada e nos primeiros 10 ou 15 minutos. Com o passar do tempo você irá naturalmente se soltando e chegará a um momento em que estará suficientemente relaxado, lembre-se que o ouvinte está lá porque precisa aprender, portanto, demonstre autoridade na abordagem dos assuntos.

A maioria dos artistas e discursantes têm medo de falar em público, como quase todas as pessoas, a diferença dos bons oradores é que eles disfarçam o medo e não deixam transparecer; por isso, são considerados grandes.

Dicas:

- *Para aliviar a tensão, relaxe o corpo e olhe reto para frente, jamais fale olhando para o chão. Relaxar o corpo diminuem a tensão dos músculos e olhar para a frente induz teu subconsciente a relaxar.*

- *Sorria e fale algumas coisas engraçadas ocasionalmente para se descontrair, bem como descontrair a plateia.*

Eu costumo memorizar gestos, comentários engraçados e uso da fisionomia, como, sorrir, demonstrar tristeza, se mostrar pensativo, etc. para partes pré-definidas da palestra ou discurso.

• *Se cometer algum erro de informação ao percebê-lo, corrija-o* sem hesitar, passar uma informação errada irá prejudicá-lo, assim que o erro for descoberto. Melhor você se autocorrigir, que ser corrigido por outra pessoa, o que abalará a credibilidade que os ouvintes têm em você.

• Às vezes, quando estamos falando, algumas *pessoas sem postura podem estar conversando, ou pior ainda, rindo de algo.* A tendência é o orador encabular-se por julgar estar sendo motivo de chacota, neste caso, você deve no início ignorar e ter em mente que, ou não é sobre você, ou as pessoas não são dignas de atenção, pois se fossem pessoas cultas e inteligentes não estariam fazendo isso.

Se a conversa e/ou risos continuarem basta que *concluindo sua frase faça uma pequena pausa, enquanto olha na direção dos sujeitos com um leve sorriso,* isso fará que se sintam constrangidos e parem imediatamente, se ainda, isso não acontecer, então é hora de chamar a atenção *pedindo silêncio* à plateia para que você possa continuar o seu treinamento.

Desconheço caso em que os engraçadinhos tenham tido coragem de levar o distúrbio adiante, mas se isso acontecer, é hora de discretamente acionar a segurança para solucionar o problema.

• *O nervosismo **acaba por nos trazer alguns vícios,*** como ficar mexendo na caneta, marcador de quadro, botão do paletó ou ficar pondo a unha na boca ou, como que, limpando uma com a outra, ficar andando desgovernadamente de um lado ao outro ou mesmo, usar palavras repetidamente, (né, sabe, hã, cara...). Você deve abolir todos eles. Além de não ajudar para que você se acalme, tiram à atenção da plateia, pois passam a observar o seu vício e não tanto as suas palavras.

Enfim, existem muitos hábitos que demonstram o nervosismo do palestrante, você deve assistir palestras, observar o palestrante e então se observar, qualquer fala ou gesto incorretos deve ser eliminado com urgência.

Uma forma de se observar, é *gravar o treinamento e assisti-lo depois, várias vezes.* Você, provavelmente, encontrará o que corrigir.

• Também evite ficar de *braços cruzados* ou sobre a tribuna, isso é imperdoável, exceto se for para fazer uma representação, num momento específico.

•   As mãos, estas, sim, podem e até devem ficar levemente soltas sobre a tribuna. (tome o cuidado de não se agarrar nos lados desta), isso é meio comum quando o orador está nervoso, porém, deixar as mãos repousando sobre a tribuna ajuda na postura.

•   Ao falar, *use as pausas naturalmente*, não deixe que o nervosismo faça-o falar desenfreadamente, sem respeitar a pontuação, fale em velocidade normal e respire entre as frases. Perder o fôlego no meio da frase é extremamente negativo. Isso pode levar a plateia a criticar e ficar resistente as suas ideias, já que sentirão sua insegurança.

•   Se vista a rigor conforme a etiqueta da época dita. Os homens, com um terno discreto e gravata, ou só camisa e calça social, ou mesmo jeans e camiseta ou, qualquer outra roupa, desde que em acordo com o momento, tipo de treinamento e público. Sugiro se informar antes sobre esses detalhes para não errar. No caso das mulheres creio que talvez nem precise falar, já que as mulheres normalmente sabem vestir-se bem, mas para as mulheres, vale, sim, lembrar que uma roupa discreta é sempre a melhor escolha. Roupas chamativas ou sensuais, esqueçam. Não é para este tipo de ocasião e sim, segundo os padrões do mundo, para o lazer; jamais para o trabalho.

Em minha opinião, ser discreta sempre cai bem em qualquer ocasião, para não deixar a mulher vulgar. Vestir-se bem e com recato impõe respeito e admiração. Aí é "meio caminho andado", para a conquista do objetivo.

• Para evitar o nervosismo, é necessário *tomar cuidado com as folhas*, caso esteja seguindo um roteiro escrito, assim que terminar cada folha, se a tribuna for espaçosa você pode colocá-la ao lado com a frente da folha para baixo. Geralmente, a tribuna não é grande o suficiente. Nesse caso vá colocando as folhas já utilizadas em baixo do monte com a frente da folha para cima. Assim manterá a ordem certa, caso precise voltar a algum tópico.

• Para não se perder na posição do texto mantenha-o *marcado com o dedo* ou se você costuma se movimentar, (o que em minha opinião é extremamente aconselhável e indispensável para uma grande apresentação), então você pode marcar os parágrafos já abordados *com um risco na margem esquerda*, antes de cada saída de trás da tribuna. Assim ao voltar você saberá, de onde prosseguir. *Colorir cada assunto com cores diferentes* também ajudará a não te perder no conteúdo. Outra dica é usar títulos para cada assunto. Assim você localizará o assunto que havia parado rapidamente e então basta seguir para o próximo título.

• *O uso de tablets, notebooks ou similares* é ótimo para substituir as folhas de papel, que ainda assim aconselho a tê-las junto como alternativa se o seu aparelho eletrônico falhar. Ao usar o tablet ou similar, tome o cuidado ao tocar na tela para evitar acessar outro conteúdo involuntariamente. Normalmente quando isso acontece, o orador, fica nervoso com dificuldades em retornar ao conteúdo que estava usando. Carregar as baterias totalmente e ter um cabo elétrico junto também é indispensável.

Questionário sobre o capítulo I.

Responda:

1- Quais são algumas técnicas que podemos usar ao estudar o conteúdo de um treinamento?

____
____
____
____
____
____
____
____.

2- O que podemos fazer quando alguém começa a rir ou falar na plateia?

____
____
____
____
____
____
____
____.

3- Cite alguns vícios comuns ao falar em público que devem ser evitados.

____
____
____
____
____
____
____
_______________________________________.

4- Cite alguns cuidados a serem tomados com as folhas de papel durante uma apresentação.

____
____
____
____
____
____
____
_______________________________________.

Capítulo II

A Voz

A voz determina em muito o seu estado de espírito, portanto é necessário atenção especial.

Se você tem que entrar em cena, tenha como base a porta. Saindo da empresa, de casa ou de onde for, deixe lá todos os problemas, esqueça tudo e todos, viva o momento. Não permita que problemas pessoais ou profissionais interfiram no seu estado de espírito. Quando se dirigir ao local da palestra, seminário ou curso tenha unicamente isso na mente, seja dono de tuas emoções.

Uma vez no palco, o primeiro passo é cuidar da respiração. Já citamos isso superficialmente no capítulo anterior, mas valem algumas dicas adicionais. Você tem que treinar a técnica de falar e respirar. Existe um sincronismo que deve ser considerado. Não fale quando estiver inspirando e nem tão pouco quando o ar dos pulmões estiver terminando. Ao fazê-lo, prejudicará e muito a qualidade de tua voz. Este é um erro muito comum. Para que a fala seja bem articulada precisa-se de ar em abundância nos pulmões. Para repor o estoque de ar, é que fazemos à pausa na fala, a pontuação para isso, num texto.

Tome cuidado com a pronúncia das palavras. Você que vai falar em público, tem que falar gramaticalmente correto. Para tal, ler muito é indispensável, assim adquirimos pronúncia e vocabulário corretos e abundantes. Não podemos esquecer, também, que devemos aceitar os diferentes sotaques da língua, mas se conseguirmos nos aproximar do sotaque da região que estamos atuando, melhor.

Para minimizar os erros no idioma, é importante que combine com pessoas chegadas para lhe corrigir, já que nós cometemos muitos erros ao falar. Tome cuidado também com os vícios de linguagem como, "né, daí, como se diz", entre outros, fique atento para identificá-los e eliminá-los. A melhor maneira é gravar sua voz enquanto treina um discurso e depois ouvi-la ou, como explicado no capítulo anterior, gravar o treinamento para ouvi-lo e assim fazer correções, para o próximo.

Quanto à velocidade da voz, não deve ser sempre a mesma. Depende muito do assunto tratado. Por exemplo: "Ele rapidamente pulou por cima do carro, rolou pela calçada, levantou e começou a correr", com certeza a fala terá que ser usada com certa velocidade e empolgação. Outro exemplo: "Foi se arrastando até a porta...", o assunto abordado em cada momento determina a velocidade e entonação da fala. Veja mais um exemplo: "Ele olhou aquela criança, analisou a situação, então caminhou em sua direção..."

É bom observar a expressividade e representá-la através do tom de voz; tristeza, alegria, euforia, etc.. No palco, seja natural, exagerando um pouquinho o estado de espírito que quer transmitir.

Para melhor se conectar com a plateia, varie a intensidade da voz. "Você está decepcionado, se sentindo um fracassado, nada mais tem sentido...", (falado em voz baixa e cabisbaixo). "Aí você pensa": (falado em forma de narrativa, com voz expressiva). "Não! Eu vou mudar! Sou forte, sou vencedor, voltarei a viver" (Falado com voz vibrante e alta acompanhada dos gestos equivalentes, os quais abordaremos mais a frente).

Estas variantes são indispensáveis, porém seguem algumas observações:

- Não exagere muito, ou será patético;
- Siga uma maneira motivada de falar na maior parte do tempo, considerando as variações para tocar profundamente o ouvinte.

Questionário sobre o capítulo II.

Responda:

1- Cite as técnicas a serem utilizadas com relação à fala e a respiração.

____

____

____

____

____

____

____.

2- Qual a sugestão para aprendermos a falar corretamente?

____

____

____

____

____

____

____.

3- Com relação as diferentes maneiras de falar, o que pode ser aceito e o que deve ser evitado?

____

____

____

____

____

____

____

____.

4- De um exemplo quanto à variação da voz. (Velocidade, empolgação, etc.).

____

____

____

____

____

____

____

____.

Capítulo III

O uso do vocabulário

É através do vocabulário empregado que expressamos o que pensamos. Para falar em público de maneira eficaz temos que ter um bom conhecimento e domínio de vocabulário.

Minha sugestão é ler diariamente. Transforme o hábito da leitura, num ato tão importante quanto o de respirar, assim gradativamente aprenderá a articular as palavras de forma correta.

Isso não significa que você deve se transformar em um dicionário ambulante. Temos que aprender a utilizar o vocabulário adequado a cada público ou situação, por isso devemos ler para adquirir conhecimento da língua, podendo assim usar os vocábulos de forma coerente. Você não pode, por exemplo, usar o mesmo vocabulário utilizado para falar com o ministro da educação, ao falar com um camponês e vice-versa.

O ouvinte tem que entender bem as tuas palavras para então poder entender o conteúdo da mensagem abordada na palestra ou treinamento.

Às vezes teremos um público homogêneo, às vezes não. Quando não, temos que tomar um cuidado maior. Devido à diferença no público, não podemos falar de uma forma muito simples e nem muito sofisticada, devemos buscar um meio-termo. O vocabulário usado pelo público no dia a dia é ideal neste caso, desde que falado de forma correta.

Se o público é homogêneo, devemos buscar palavras compatíveis com o uso do público específico ao qual falamos. Por isso a importância de lermos muito e adquirirmos conhecimento da língua.

Também é necessário tomar cuidado com o uso de gírias, jargões e palavrões. Algumas gírias são tão usadas por todos, que até podem ser usadas, mas o uso de palavrões é inadmissível. Talvez você esteja pensando que esta citação é desnecessária. Que bom! Mas pode ter certeza que não é desnecessária para todos, por isso faço a citação. Já assisti muitas palestras onde o uso de palavrões foi feito sem restrição. Esta é uma ótima maneira de demonstrar falta de profissionalismo e falta de educação. Portanto, essa prática deve ser abolida, pois o ouvinte tem o direito de ser respeitado e o uso de vocabulário obsceno cria antipatia na maioria das pessoas e denigre a imagem do orador, tornando-o vulgar. Quando se está discursando ou fazendo qualquer tipo de treinamentos, exige-se então uma boa postura e uso adequado da fala, pois, o ouvinte ou a empresa que está investindo, o faz para que os funcionários aprendam a ter postura, além do conhecimento. Certamente, não precisam de um orador vulgar.

Tome cuidado com alguns erros frequentes, como o uso do "i" depois de "ó" como em "nóis" ao invés de "nós", "arroiz" em vez de "arroz". O uso do "u" no lugar de "o", como "dumingo" ao invés de "domingo". Esses erros são comuns até na televisão, o que é lastimável.

O uso de "mim" no lugar de "eu". Esse infelizmente todos cometemos às vezes. Como, por exemplo: "Ele falou para mim jogar". "Mim", não joga. "eu", jogo. "eu" deve ser usado sempre que a seguir houver um verbo. Apesar de este ser um erro cometido por quase todos, temos que tentar abolir esta prática para podermos falar melhor em público.

Outro erro comum é a exclusão do "s" no plural (Dois carro), do "r" no final das palavras (comprá), entre outros.

Tome o devido cuidado quanto ao uso de chavões (coisas que se diz ou escreve por costume). Ex: "Se for chamar o Hugo vira pro outro lado". Meu conselho é não usá-los, mas se o fizer seja moderado.

Questionário sobre o capítulo III.

Responda:

1- Em que situações podemos usar vocabulário obsceno numa palestra?

____
____
____
____
____
____
____
______________________________________.

2- Cite os cinco erros de fala que foram citados neste capítulo.

____
____
____
____
____
____
____
______________________________________.

Capítulo IV

Expressão corporal

É extremamente importante observarmos a posição dos pés e pernas, tronco, braços e cabeça, isso vai desde a maneira de parar até os gestos utilizados para expressar uma ideia.

É inadmissível falarmos com as mãos nos bolsos, (salvo se quisermos transmitir total informalidade), braços cruzados, apoiados sobre a tribuna, jogando o peso do corpo sobre ela. Também não devemos olhar acima do auditório, devemos olhar para as pessoas nos diferentes lugares do recinto. Quase todos os palestrantes cometem o erro de focalizar uma determinada parte do recinto. Olhando para as diferentes regiões e fixando o olhar por alguns instantes, todos terão a impressão de estarem sendo destaque na plateia, pois terão a impressão que o orador está olhando para eles.

Os gestos acima citados como incorretos podem e devem ser usados para expressar uma ideia, como, por exemplo, fechar as mãos (fazer punho) e inclinar-se para frente falando com voz baixa, pode ser usado para expressar profundidade na mensagem.

Tem-se que tomar o cuidado de não fazer gestos errados por distração ou nervosismo, como, por exemplo, dizer haver três pessoas, mostrando quatro dedos. Isso parece impossível de acontecer, mas acontece com certa frequência.

Também não devemos gesticular após falar e sim, preferencialmente, junto ou um pouco antes, jamais depois, pois é totalmente antinatural.

Ficar se movimentando de um lado a outro o tempo todo, demonstra nervosismo e irrita a plateia, sendo assim o orador deve caminhar no palco, mas de forma ordenada e não o tempo todo.

Aconselha-se que os homens quando parados se apoiem sobre às duas pernas, mantendo os pés afastados um ou dois palmos de distância, mas podem sem problema apoiarem-se sobre uma perna, hora sobre outra, tomando o cuidado de não ficar trocando de perna o tempo todo. Se apoiar sobre às duas, além de elegante, cansa menos, já para as mulheres é elegante manterem uma perna um pouco a frente da outra e na mesma linha se apoiando sobre ambas, mas se preferirem pode soltar o peso mais sobre uma, hora sobre outra, tomando também o cuidado de não mudar com muita frequência, porém a técnica citada acima, para os homens, pode ser aplicada as mulheres sem problemas. Será mais informal, mas, de forma alguma, deselegante.

A maneira de se vestir é indispensável ser observada. O social é sempre a melhor dica, impõe respeito e a plateia sente mais confiança no orador, salvo casos de um evento totalmente informal.

No caso dos homens, dependendo do evento, o uso da gravata pode ser dispensado, mas se for palestra para executivos, empresários, políticos, etc. o uso da gravata é aconselhável.

"Sorria, a vida é bela", sempre diz minha neta Emilly. É isso aí! Sorria! Palestrante sério não cativa o ouvinte. Crie o hábito de andar na rua, de falar, estudar, ler, sempre com um sorriso, isso te ajudará a mantê-lo em situações frente ao público.

Seguem algumas dicas para melhorar sua fisionomia:

• Observe a fisionomia de bons atores no teatro, de apresentadores de programas, oradores e outros;

• Grave sua voz ou filme-se gesticulando e simulando um discurso, assim você poderá se autocorrigir;

• Espelho! Que linda invenção! Vá para frente do espelho e treine seu discurso observando-se. Assim você elimina os erros e consegue acertar os gestos com facilidade;

• Além de filmar-se treinando, providencie que seja filmada suas apresentações, depois use-as para corrigir falhas de fala, postura, fisionomia e outras.

• Treine diferentes dramatizações: tristeza, alegria, espanto, surpresa, indiferença e outras que julgar necessário. Treine-as até saber usá-las com facilidade e perfeição: elas determinarão o sucesso ou fracasso de tua apresentação.

Algo importante dentro do campo das expressões é saber manipular as expressões faciais enquanto falamos.

Seguem abaixo algumas dicas de como expressar alguns sentimentos:

• **Grande alegria:** Sorriso aberto com os pulmões cheios de ar e olhos abertos;

• **Reflexão:** Olhar levemente para o lado e para cima, enquanto morde levemente o lábio inferior;

• **Compreensão:** Olhos semifechados, olhando para cima, mordendo o lado do lábio inferior, dedo indicador apontando para cima e cabeça movimentando lentamente com gesto de sim;

- **Tristeza:** cabeça inclinada, lábios soltos, porém fechados e olhos semiabertos;

- **Malícia:** Piscar o olho com boca levemente aberta, mordendo o centro do lábio inferior;

- **Surpresa/espanto: olhos** e boca abertos e testa franzida.

Quando o orador estiver relativamente longe da plateia é uma boa ideia solicitar a presença de um telão, assim você será mais bem-visto e tua expressão facial melhor observada.

Questionário sobre o capítulo IV.

Responda:

1- Cite alguns gestos de informalidades que devem ser evitados no palco.

____
____
____
____
____
____
____
______________________________________.

2- Qual a técnica para aproximar o orador da plateia, dando a impressão que o mesmo olha individualmente para cada um?

____
____
____
____
____
____
______________________________________.

3- O gesto deve vir antes, durante ou depois da fala?

____

____

____

____

____

____

____.

4- Qual é a dica de postura corporal para homens e mulheres?

____

____

____

____

____

____

____

____.

5- Qual a sugestão quanto à maneira de se vestir?

____

____

____

____

____

____

____.

6- Cite as dicas para melhorar sua fisionomia.

____

____

____

____

____

____

____

____.

7- Descreva as expressões faciais para:

____

____

____

____

____

____

____.

Grande alegria;

____

____

____

____

____

____

____.

Reflexão;

____
____
____
____
____
____
____.

Compreensão;

____
____
____
____
____
____
____.

Tristeza;

____
____
____
____
____
____
____.

Malícia;

____

____

____

____

____

____

_______________________________________.

Surpresa / espanto.

____

____

____

____

____

____

_______________________________________.

Capítulo V

Falta de atenção da plateia

A falta de atenção da plateia tem alguns indícios que podem ser observados, evitando assim um desgaste de sua imagem. Por exemplo: Pessoas em diferentes lugares começam a se remexer nas cadeiras, muitas pessoas começam olhar para o relógio e/ou outros começam se retirar do recinto. Esses são indícios que seu treinamento já se estendeu por muito tempo ou o assunto não está agradando ou ainda pode ser problema com sua postura e/ou apresentação.

Para manter a plateia mais atenta, use a técnica de olhar para diferentes lugares, apesar de não conseguir olhar nos olhos de cada um dará esta impressão. Isso manterá a plateia mais atenta, porém esta é uma medida paliativa. Se perceber ser o assunto que não está agradando, não hesite, mude de assunto de forma sutil, mas urgentemente. Se perceber que a plateia está cansada, é hora de resumir e ir para o fechamento. Uma medida paliativa é fazer um comentário como: "e estando no final desta palestra/treinamento", "e para podermos encerar" ...

Isso fará com que as pessoas se tranquilizem e prestem mais atenção, mas seja o mais breve possível, pois se você prolongar muito, os comentários serão negativos.

Algo que determinará o sucesso ou fracasso de tua palestra é a animação no palco, seja animado, sorria, brinque, use recursos visuais que expressem o que está sendo explicado através do telão e também com objetos reais no palco.

Finalmente, seja natural, não seja mecânico ou estará destruindo teu trabalho.

Se teu treinamento for muito longo, isso causará cansaço na plateia. Neste caso sugiro fazer um intervalo rápido de 5 a 10 minutos no máximo. Use esse tempo par interagir de forma descontraída com membros da plateia. Como uma pausa pode gerar a oportunidade que alguns estavam esperando para sair. Sugiro deixar alguém responsável por servir um rápido lanche. Um suco, chá, e uns biscoitos é suficiente. Isso acaba prendendo as pessoas.

Dependendo do tipo de treinamento, você pode solicitar que os participantes desenvolvam alguma atividade em grupo. Coisa rápida. Isso fará com que se movimentem, debatam e raciocinem sobre o assunto sugerido e assim eliminam a sonolência, cansaço e mesmo o desinteresse. Enquanto eles debatem, você pode presenteá-los com uma bala de qualidade ou um mini chocolate. Isso os ajudará e se animarem.

Interaja com a plateia. Faça perguntas, pesa opinião sobre o assunto debatido, convide alguém para subir ao palco ou vir a frente. Faça uma pergunta fácil e se mesmo assim a pessoa não souber a resposta de a resposta em forma de sugestão. Por exemplo, se a pergunta era: Onde vivem os leões? De sugestão como eles vivem na África que é onde vivem os tigres e outros animais selvagens, ou nos desertos? A dica, "onde vivem os tigres" fará que por indução ele acerte a resposta. Assim ele não se sentirá constrangido. Aqui novamente você tem uma oportunidade de dar um brinde para a pessoa. Isso deixará os outros atentos para também tentar receber um brinde.

Contar estórias com suspense, ação, humor, etc. é um recurso fantástico e envolvente. Essas estórias devem ser preparadas anteriormente para serem usadas ao longo do treinamento. Assim você conseguirá contá-las com desembaraço e usando as pausas, entonação, fisionomia, movimentos e gestos apropriados, o que fará com que todos fiquem atentos.

Evite assuntos polêmicos. Isso gera discussões acaloradas e coloca parte da plateia contra você.

Mude de posição. Sente-se próximo da plateia por uns instantes, ou na borda do palco, caso esteja em um, fique um pouco atrás da tribuna, depois ao lado, se deslocando para diferentes lugares, caminhe entre a plateia, faça contato visual, continue o treinamento olhando nos olhos de alguém que está ao lado de onde você está passando. Faça isso com mais de uma pessoa.

Ao circular entre a plateia entregue cartões assinados com alguma frase do assunto tratado naquele instante. As pessoas provavelmente não esquecerão de você e guardarão o cartão e mostrarão para os amigos, falando bem de você e teu treinamento.

Usar o silêncio, associado a um tom de voz mais elevado, deixa todos atentos. Por exemplo: "Naquele momento... Fiquei sem saber o que fazer (silêncio de 3 a 5 segundos) ...as subitamente me veio uma ideia a mente! (Falado com empolgação e voz um pouco mais alta do que a que estava sendo usada previamente.

Para você manter a plateia atenta, você precisa ser criativo e um bom pesquisador. Existem inúmeras maneiras que te ajudarão a manter a plateia atenta. Os melhores oradores são os que sempre estão inovando, buscando algo diferente. Ser bom naquilo que vazemos exige muita determinação e trabalho árduo, pesquisa, elaboração... ou você faz isso, ou outros que o fazem serão melhores que você e tomarão teu espaço.

Questionário sobre o capítulo V.

Responda:

1- Quais são alguns indícios de falta de atenção da plateia?

____
____
____
____
____
____
____.

2- Como resolver o problema de falta de atenção?

____
____
____
____
____
____.

3- Cite algumas maneiras para ajudar a determinar o sucesso de uma palestra ou treinamento.

____

____

____

____

____

____

____

____.

Escolha quatro técnicas que você aprendeu para manter a plateia atenta e as descreva.

____

____

____

____

____

____

____.

Capítulo VI

O Improviso

Muitos pensam que improviso é entrar no palco e falar sem preparação, é ter a habilidade de enrolar sobre o que não se está preparado. Nada mais distante da verdade, entrar no palco nestas circunstâncias, nem em sonho, só um tolo o faria.

Se for convidado para falar em público sem ter o devido tempo para se preparar, recuse, não aceite ou estará denegrindo tua imagem.

Improviso significa entrar no palco sem ter preparado o conteúdo, mas falar sobre um assunto bem conhecido, assim você definirá a sequência da abordagem ali mesmo no palco, na hora de falar, mas obviamente sobre um assunto que você domina muito bem. Isso é falar de improviso.

Sendo assim, se for convidado na última hora para falar sobre um assunto bem conhecido por você, não se preocupe, suba no palco e solte o verbo.

Se conhecer o assunto apenas superficialmente, nem pense duas vezes. Recuse! Se insistirem, recuse definitivamente. Entre falar o que não se conhece muito bem e não falar, mil vezes melhor não falar, quando for falar, você deve conhecer o assunto profundamente, assim conquistará a admiração da plateia. Vale aqui lembrar que com a internet a imagem filmada por um simples celular poderá ser divulgada, o que irá demostrar a falta de preparo ou o bom preparo do orador. Uma fala para meia dúzia de pessoas, poderá se tornar uma fala para meio milhão ou mais no futuro. Fique atento.

Questionário sobre o capítulo VI.

1- Defina improviso:

____

____

____

____

____

____

____

____

_______________________________________.

Capítulo VII

O ambiente

A acomodação dos ouvintes é de suma importância, ninguém consegue permanecer concentrado em algo por muito tempo se não estiver confortavelmente acomodado. É importante observar se as cadeiras são confortáveis, se há ventilação e iluminação suficiente e se o local conseguirá alojar a todos com o devido conforto.

Muitas vezes o palestrante não tem a oportunidade de escolher o local, nesse caso fique atento. Se a plateia estiver desconfortável é melhor ser breve, pois quando a plateia começar se sentir desconfortável, adeus, concentração e sem concentração não há como gostar do assunto ou mesmo do orador, sendo assim pode ter certeza, não haverá convite para você voltar, pois como estavam desconfortáveis a experiência que tiveram foi negativa sendo associada inconscientemente a você.

Também é necessário que alguém de sua equipe ou você cheque a acústica e iluminação para ver se está a contento.

Evite falar ao ar livre, pois a voz se espalha demais e barulhos externos chegam até os ouvintes e isso torna a compreensão muito difícil. Sem ouvir direito não há como manter-se concentrado no assunto.

Ter um microfone reserva também é indispensável, mas no caso de só ter um e este começar a falhar tente acomodá-lo em posição fixa, mantendo assim o contato elétrico. Se o microfone continuar falhando, não tenha dúvida, largue-o e comece a falar em voz alta para facilitar a audição por parte da plateia. É bem melhor ter que falar sem o microfone do que com um microfone falhando, pois isso irrita o ouvinte e tira a concentração, por isso é tão importante o microfone reserva, pois muitas vezes mesmo falando alto você não será ouvido pelas pessoas mais distantes. Nesse caso você pode e deve solicitar a compreensão dos ouvintes em manter total silêncio para poder assim minimizar o problema. No caso de microfones sem fio ou de lapela, caso não haja outro reserva, providencie para que bateria reserva carregada seja disponibilizada. Esse tipo de microfone costuma ficar sem carga, pois, nem sempre os organizadores têm o cuidado de carregar as baterias após cada evento.

Certifique-se que os marcadores de quadro estão com bastante tinta, caso vá usá-los.

Ainda referente a questão de material, se tiver material disponível à venda, como livros, DVDs, revistas ou outros, eles devem estar colocados em um local de passagem obrigatória e com indicação escrita chamativa, para que os ouvintes saibam que podem adquiri-los.

Também é uma ótima ideia doar um livro ou DVD durante a apresentação, isso despertará o interesse dos outros em adquirir o material disponível.

Para fazer a doação crie uma situação que exija a conquista do mesmo por alguém. Você pode, por exemplo, solicitar um voluntário na plateia para fazer ou comentar algo. Uns poucos erguerão a mão, escolha o primeiro, chame-o ao palco e faça uma pergunta fácil de ser respondida e se necessário de uma pista que evidencie a resposta induzindo assim o mesmo a acertar, dê-lhe o brinde e deixe-o voltar ao seu lugar. Se for doar algo mais não o faço no momento seguinte, deixe-o para mais tarde. Isso deixa a plateia, que viu mais material em sua mão, alerta. Aproveite e entregue o material já autografado e você pode inclusive comentar o fato, isso fará com que muitos que irão comprar seu material o peçam para autografar também. É uma ótima maneira de ter um contato com o público e fazê-lo mostrar o material para outros com elogios a sua pessoa, melhorando e divulgando a sua imagem.

Questionário sobre o capítulo VII.

Responda:

1- Quais são alguns cuidados com relação ao som?

____

____

____

____

____

____

____

____.

2- Como devemos proceder quando temos material disponível para venda?

____

____

____

____

____

____

____.

Capítulo VIII

Preparação de um discurso

O discurso deve ser didaticamente preparado, não podemos simplesmente subir o palco e começar falar sem sequência.

Este deve ser dividido basicamente em três partes: introdução, corpo e conclusão.

Temos que tomar o devido cuidado para que cada parte esteja unida às demais, de forma que os leigos da plateia não percebam a transição.

* **Introdução:** Deve ser rápida. Nessa parte pode-se agradecer pessoas envolvidas com o evento e principalmente preparar a plateia para receber bem o discurso. O orador terá que se esforçar em conquistar o ouvinte de início, se não o conseguir, será mais difícil fazê-lo depois. Na introdução, logicamente, também introduzimos o assunto a ser abordado, de forma rápida. Nessa parte podemos fazer uma breve citação dos assuntos que serão

abordados ou também podemos fazer uma citação dos objetivos a serem alcançados ao longo do treinamento.

- **Corpo do discurso:** aqui, o palestrante trata dos assuntos a serem abordados, com explanação clara e detalhada, para ficar claro ao ouvinte, tomando o devido cuidado, na transição de um tópico para outro. Essa deve ser discreta e unida ao tópico anterior numa sequência que o ouvinte não perceba a transição. Fica aqui uma ressalva para o caso de um curso, por exemplo, como é o caso desse que estamos tendo agora, nesse caso deve-se ter bem definido cada tópico abordado.

A palestra deve ser dividida em tópicos, porém com transição discreta, conforme citado, assim o palestrante terá facilidade em ministrá-la, sem se preocupar em decorar conteúdo, basta memorizar os tópicos a serem abordados e uma vez falando sobre determinado assunto, só passará ao próximo depois da conclusão deste, não mais voltando durante o desenvolvimento do corpo do discurso. Assim ele abordará o assunto usando de palavras que lhe vierem à mente no momento, utilizando-se de fatos excepcionais que aconteceram na vinda para o auditório, durante a palestra, etc. Fica algo mais natural desta forma e se alguém já assistiu ao treinamento, sempre haverá algo novo a se aproveitar.

Memorizando apenas os tópicos as chances de errar são mínimas, porém deve-se conhecer bem o assunto para assim proceder. Caso sejam utilizados slides, deve-se ter o cuidado de memorizar a sequência dos mesmos, assim saber-se-á, o assunto seguinte a ser abordado. Em caso de esquecimento, basta lançar o próximo slide e abordar o assunto então. Outra técnica muito usada por atores é colocar lembrete de tópicos colados no chão do palco. Tome o cuidado de só usá-los em caso extremo, eles estarão lá para emergência e não para deixar de memorizar o conteúdo, pois ficar olhando muito para o chão prejudicará sua apresentação. Tome o devido cuidado de observar também se o palco não é baixo o suficiente para que o auditório possa ver os lembretes, nesse caso esqueça esta dica. Aí você pode usar uma tribuna, e deixar os lembretes em cima, se não quiser que a plateia perceba que está observando-os deixe um copo de água, na mesma e se necessitar dos lembretes, tome um gole de água e aproveite para os visualizar. Outra dica ainda, no caso de ter slides, é deixar o laptop no palco e você mesmo o controla, deixando os lembretes ao lado deste. Mas não esqueça que os lembretes são para uma emergência, como no caso de os slides pararem de funcionar.

Quando tiver concluído o assunto abordado, mesmo percebendo que a plateia gostou, não se prolongue, encerre e sempre com muita motivação. Deixar a plateia com gostinho de quero mais é ótimo, pois lhe renderá comentários positivos.

- **Conclusão:** Na conclusão, que deve ser breve, o orador resume em poucas frases ou parágrafos o conteúdo da palestra e se despede. Se quiser pode agradecer a presença dos ouvintes e colaboradores.

Ao terminar receberá aplausos. Não espere eles acabarem para sair, ao sentir que estão começando a enfraquecer se retire.

Uma boa opção para cativar o público e satisfazer os que gostariam de saber mais coisas, é abrir um espaço para perguntas e comentários. Neste caso, é bom ter um microfone extra para ser utilizado pela plateia.

Com relação à saída do palco, caso você não abra espaço para perguntas e comentários, irá depender de tua expectativa. Você poderá sair pelos fundos se houver esta opção ou aguardar nos camarins até toda a plateia ter se retirado ou então sair pelo salão, onde se encontra o público. Se optar pela última opção, se prepare para ser abordado por muitos da plateia e dependendo do público se prepare para dar autógrafos, tirar fotos e conversar.

Se você tem materiais didáticos como livros ou DVDs, poderá se posicionar no local de venda e se solicitado autografá-los.

A opção de se expor ao público, apesar de ser às vezes estressante, é uma ótima maneira de se tornar inesquecível. Para tal, sorria ao falar com as pessoas e demonstre atenção e simpatia. Seja breve, contudo, muitos estarão esperando a oportunidade de lhe cumprimentar.

Questionário sobre o capítulo VIII.

Responda:

1- Quais são as partes de um discurso?

____
____
____
____
____
____
____
_______________________________________.

2- Como deve ser a introdução de um discurso e o que deve ser abordado?

____
____
____
____
____
____
____
_______________________________________.

3- Defina o corpo do discurso.

____
____
____
____
____
____
____
____.

4- Defina a conclusão do discurso.

____
____
____
____
____
____
____
____.

5- Qual a melhor maneira de se memorizar uma palestra ou discurso?

____
____
____
____
____
____

6- Quais são as prevenções a se tomar para o caso de esquecimento?

Capítulo IX

Gafes a serem evitadas

- Nunca se justifique.

Muitos oradores querendo se justificar por eventuais erros, pedindo desculpas. Nem pense em fazer isso, pois fará com que o ouvinte passe a observar teus erros e isso criará comentários negativos sobre teu desempenho. Seguem alguns exemplos de desculpas: Se a voz não estiver ótima, é devido ao resfriado, se não abordar bem o assunto é porque é inexperiente, etc.

Se estiver resfriado, comentar só vai chamar a atenção do público para um problema que poderia ter passado despercebido. Se estiver muito doente, transfira o compromisso. (Claro que esta deve ser uma medida extrema).

No caso de ser inexperiente, treine até estar preparado, só então suba o palco. Se ainda não está qualificado, se qualifique primeiro para não passar por um vexame.

- Contar Piadas;

Só se for relacionada com o assunto, porém teste a piada com vários amigos antes. Se perceber que os amigos acharam engraçada, conte-a no palco, caso contrário esqueça. Piada sem graça desperta a antipatia do público.

Piada suja, nem pensar.

- Perguntas;

Se estiver palestrando, o público não é suposto a participar com perguntas. Não questione se alguém gostaria de fazer perguntas. Se preferir, ao final da palestra abra um espaço para responder perguntas para quem desejar permanecer no local. Em seminários e cursos haverão espaços para perguntas e comentários dos ouvintes durante o treinamento.

- Comentários;

Jamais faça comentários negativos sobre o estabelecimento, condição climática ou principalmente sobre outra pessoa, seja extremamente positivo e discreto. Ache coisas boas a comentar até nas desgraças. Seja otimista. Quanto a comentários sobre terceiros evite-os, porque se forem negativos haverá alguém para discordar e isso trará antipatia. Se falar sobre alguém conhecido da sociedade, se restrinja a falar sobre o fato abordado, pois pessoas conhecidas são amadas por uns e odiadas por outros, geralmente. Sobre políticos, melhor não comentar, mas caso o faça, que seja um comentário de um fato, não demonstre simpatia nem antipatia pelo mesmo.

- Maneira de se vestir;

Siga a etiqueta, esteja alinhado e tome cuidado com a gravata, use-a no comprimento exato, ou seja, com a ponta tocando a fivela da calça, os sapatos devem estar limpos e lustros e as roupas bem passadas. No caso das mulheres, a roupa social, vai bem também. Roupas chamativas e curtas ou muito justas nem pensar. As pessoas devem prestar atenção no que você tem a ensinar, não no seu corpo. Seja discreta.

Dependendo do tipo do treinamento, a roupa poderá ser casual ou mesmo esportiva, como num caso de treinamento sobre esportes. Ou uma calça, camiseta e tênis, por exemplo, se o treinamento for para adolescentes ou jovens. Melhor se informar qual roupa será mais adequada, para não errar.

- O assunto;

Se acontecer de esquecer a sequência dos tópicos a abordar, crie um gancho para o próximo tópico que tiver na mente. A plateia não irá perceber a falha, pois não conhece a sequência definida por você e portanto, se você agir com naturalidade, não

irão perceber nada. Mais tarde crie um gancho para
abordar o assunto, que pulou, caso o lembre.

67

Questionário sobre o capítulo IX.

1- Por que não devemos nos justificar por eventuais falhas?

____
____
____
____
____
____
____
____.

2- Descreva algumas gafes a serem evitadas.

____
____
____
____
____
____
____.

3- Comente sobre a roupa a ser usada:

____
____
____
____
____
____.

Capítulo X

Tipos de treinamentos

O que é:

SEMINÁRIO: Semelhante à palestra na forma de apresentação, porém inclui discussões e interação com o público, fazendo o apresentador também o papel de moderador. Ambiente organizado em auditório, não há limite de público, podendo ser fechado ou aberto. Costuma ter 3 a 8 horas de duração, com intervalos.

WORKSHOP: Reunião de consultoria e trabalho dirigido onde todos discutem um tema ou problema, buscando soluções. Há um compartilhamento de informações e ideias. O ambiente é informal, com as pessoas sentadas preferencialmente em círculo. Ideal entre oito e 25 participantes, em geral, da própria empresa. Normalmente de 3 a 8 horas de duração, com intervalos. Pode ser visto também como uma consultoria em grupo.

PALESTRA: Apresentação oral, cujo objetivo é informar ou ensinar pessoas a respeito de um determinado assunto. Palestras são usadas para transmitir informação de natureza importante, histórica, prática, teórica e equacional. Geralmente, o palestrante posta-se em uma posição de destaque no cômodo e recita informação relevante, relativa ao conteúdo da palestra. Palestras normalmente duram próximo de uma hora, podendo ser menor ou maior, conforme a necessidade. É um evento normalmente aberto ao público, podendo ser ministrada para um público específico. Confundida, muitas vezes, com coaching, que diferentemente pode durar um ou mais dias, a palestra é um evento curto e geralmente sem participação do público, que apenas ouve.

COACHING: Treinamento e acompanhamento pessoal, especialmente em áreas como comunicação em público, marketing pessoal, negociação, vendas e estratégias para a gestão da carreira com ênfase nas novas tendências e tecnologias. Pode durar um ou mais dias.

TREINAMENTO: Aulas usando métodos formais de educação. O apresentador assume o papel de professor, ensinando, treinando e fazendo exercícios com a classe. O ambiente é de sala de aula. Ideal entre 8 e 25 participantes, geralmente, da própria empresa. De 3 horas a dois ou mais dias de duração, dependendo da necessidade.

CURSO: Semelhante ao treinamento, porém aberto ao público e podem durar semanas, meses ou até anos.

Esses tipos de treinamentos exigem do apresentador um conhecimento grande, por serem abertos a debates ou perguntas. Haverá casos em que surgirão perguntas fora do assunto abordado. Neste caso meu conselho é que não sejam respondidas para não se fugir do assunto e não atrasar o andamento normal do curso. Caso domine o assunto, poderá até comentar durante o intervalo, pois é uma ótima oportunidade de se propor a marcar novos treinamentos para tratar daquele assunto.

A vantagem de treinamentos abertos a perguntas e comentários é que possibilita abordar o assunto exatamente da maneira que sane todas as dúvidas dos participantes.

Cabe ao instrutor filtrar o que vale a pena gastar mais tempo na discussão ou não.

Fique atento aos líderes da plateia. (pessoas com ideias respeitadas pelos demais), quando o líder fizer comentários a favor do assunto abordado, use-os como referência, citando a fala do mesmo e desenvolvendo o assunto mais profundamente, desta forma você concorda com o pensamento da pessoa respeitada e sua abordagem irá ser aceita pelos demais.

Tome cuidado com o líder mal visto pelos demais, o líder só de título. Neste caso não se apoie nos comentários dele, ou será rejeitado. Fique atento. Isso pode determinar o sucesso ou fracasso de seu treinamento.

Existe ainda aquela pessoa, líder de título ou não, que lidera os demais na mentalidade e atitudes, porém é negativa ou não simpatizou contigo, independente do motivo. Neste caso você tem um problema sério a administrar, pois provavelmente ele tentará te boicotar. Se demonstre amigo dele e paciente em suas investidas, jamais perca a postura, isso pode fazê-lo parar, caso não aconteça, desmoralize-o diante dos demais, derrubando suas teses com argumentos inquestionáveis. (Se não tiver esses argumentos para determinada questão, deixe passar batido), mas jamais entre em discussão calorosa. Transmita a tese e simplesmente, sendo dono da palavra, vá para o próximo tópico. Outra maneira de se livrar do sujeito é fazer perguntas fáceis para os normais da turma e elogiá-los pelo comentário sábio e fazer perguntas extremamente difíceis para o líder negativo. Caso ele responda ou comente corretamente, concorde naturalmente com total discrição e de sequência. Parecerá ser algo simples, sem motivo para elogios. Caso este não saiba, explique o tópico, se voltando a todos e se tiver algum comentário de alguém comum, feito durante o treinamento que tenha algo a ver com a questão cite-o, isso o deixará em situação inferior e o desmoralizará. Provavelmente ele irá parar por aí para não correr risco de outra derrota. Sentirá sua superioridade e recuará. Se ele continuar, continue agindo da forma citada, com discrição, assim chegará um momento que os demais perceberão sua inferioridade e te respeitarão por ser superior ao líder deles.

Uma maneira ótima de ganhar a confiança de todos é usar citações de pessoas famosas e respeitadas. Isso lhe dará créditos. Citar trechos de livros também é de grande valia.

Tenha, o devido cuidado de não exagerar nas citações ou usar citações de pessoas de reputação duvidosa.

Questionário sobre o capítulo X.

1-Defina:

Seminário;

____

____

____

____

____

____

____

____

____

____.

Workshop;

____

____

____

____

____

____

____

____

____

____.

Palestra;

____
____
____
____
____
____
____.

Coaching;

____
____
____
____
____
____
____.

Treinamento;

____
____
____
____
____
____
____.

Curso;

____

____

____

____

____

____

____

_____________________________________.

2- O que fazer no caso de serem feitas perguntas fora do assunto abordado?

____

____

____

____

____

____

____

_____________________________________.

3- Qual deve ser sua atitude quando houver um líder positivo questionando, na plateia?

____

____

____

____

____

____

_____________________________________.

4- Como agir com um líder negativo?

____
____
____
____
____
____
____
______________________________________.

5- E no caso do líder ser mal visto pelos demais?

____
____
____
____
____
____
______________________________________.

6- Que tipo de citações de outras pessoas podemos usar e quais os cuidados a tomar?

____
____
____
____
____
____
______________________________________.

Capítulo XI

Discurso lido

O discurso lido não é tão simples como parece ser e exige alguns cuidados.

Quando não estamos lendo, erros são aceitos pela plateia. Quando estamos lendo, temos a obrigação de não errar, já que o discurso foi previamente preparado. Não se pode admitir erros gramaticais, por exemplo.

O discurso lido, normalmente, não dispensa uma introdução não lida e em alguns casos até mesmo um fechamento.

Com a leitura perde-se a flexibilidade de movimentos, fica-se preso a tribuna e os gestos que devem existir se restringem a expressões faciais e a um dos braços, já que o outro é usado para com o dedo marcar onde se está lendo.

Se o papel a ser lido estiver na tribuna, tenha o cuidado de ter o texto previamente preparado para poder olhar para o papel e em seguida para o público, enquanto termina a frase ou parágrafo.

Tenha o cuidado também de ao invés de baixar o rosto para ler, baixar apenas os olhos.

Por fim, é imprescindível que se leia com qualidade, sem gaguejar, errar palavras ou pontuação e também ler de forma natural, como se estivesse falando sem ler.

A seguir temos alguns conselhos para você treinar e assim facilitar sua apresentação em público.

• Prepare o discurso e depois revise o texto, juntando os trechos de um mesmo assunto que ficaram eventualmente espalhados ao longo do discurso;

• Leia a frase rapidamente em pensamento e então olhe para frente e fale-a em voz alta, isso lhe ajudará a falar ao público olhando para ele e não para o papel;

• Inspire nos intervalos das frases conforme a pontuação, assim você terá ar em abundância podendo falar naturalmente;

• Dê a devida entonação nas frases: exclamação, interrogação, etc.;

- Utilize um gravador de voz, para poder observar e corrigir eventuais falhas. Caso prefira filmar, ouça sem olhar para melhor identificar eventuais falha na leitura e entonação.

- Filme para observar tua postura. Sugiro também assistir à filmagem com volume baixo para melhor captar falhas de postura, expressões e gestos.

- Use opcionalmente a câmera, ou espelho, para corrigir postura, expressões e gestos;

- Fale com a devida emoção que o momento exige;

- Assista filmes e peças teatrais para ver a maneira que os bons atores agem e treine imitando-os.

Catastrófico é ir a um evento onde o orador, mistura as folhas e não sabe a qual deve pegar para dar sequência ao assunto. Cheque com antecedência a colocação das folhas e ao usá-las coloque a folha que terminou de usar em baixo da última com a face para cima ou coloque-as ao lado, se houver o atril, neste caso, sempre com o lado escrito para baixo.

Ao digitar o discurso, use letras grandes. Como, por exemplo, "times new roman 16", ou ao menos, 15, isso facilita a leitura.

Ao discursar em nome de outros, como, por exemplo, em uma formatura, siga os pormenores do texto, pois estando falando em nome de outros, você não tem o direito de expressar sua opinião como sendo de todos, mantenha-se dentro do programa.

Questionário sobre o capítulo XI.

Responda:

1- Quais algumas desvantagens do discurso lido?

____
____
____
____
____
____
_______________________________________.

2- Cite quatro dicas para treinar o discurso lido:

____
____
____
____
_______________________________________.

3- Quais são alguns dos cuidados que devemos tomar com as folhas de papel?

____
____
____
____
_______________________________________.

Capítulo XII

Fala decorada

Uma das vantagens da fala decorada é o fato de o orador sentir mais segurança. Basta subir o palco e falar o que já está decorado.

Também fica mais fácil de controlar o tempo já que em muitos casos temos um tempo pré-determinado para falar.

Outro ponto positivo é o fato de poder treinar todos os gestos e dessa forma expressá-los melhor.

Porém, o conselho que dou, é não decorar o conteúdo, já que considero as desvantagens bem maiores.

Já imaginou se você esquecer alguma frase? Você pode se perder na sequência, sem contar que texto decorado transparece certo artificialismo.

Também se perde a oportunidade de se utilizar circunstâncias que ocorrem no próprio local no momento da apresentação.

Normalmente, quando estamos falando ao público, sentimos a inspiração de fazer um comentário aqui, outro acolá ou contar uma estória que nos vem à mente. Isso é extremamente perigoso quando temos o texto decorado, por ser difícil, depois, retomar o texto original.

Em resumo, se você busca ser um grande orador, esqueça a ideia de decorar textos.

A maneira que indico, é separar o texto em partes, memorizar os subtítulos e associá-los aos assuntos principais. Na hora de falar, aborde os assuntos sem se preocupar em usar palavras exatas e sim em expressar a ideia.

Se esquecer algo, não se preocupe. Como você está falando sobre um assunto que você conhece bem e não está se prendendo a palavras decoradas, será fácil interligar um assunto a outro, mesmo que o próximo assunto não seja o programado originalmente.

Separe os assuntos pintando-os em diferentes cores. Isso te ajudará a associar os diferentes tópicos as cores e bastará memorizar a sequência das cores. Por exemplo, se a sequência de cores é azul, amarelo, vermelho e verde e a sequência dos assuntos é lixo reciclado, meio ambiente, poluição e futuro sustentável, você então irá memorizar: azul-lixo reciclável, amarelo-meio ambiente, vermelho-poluição e verde-futuro sustentável.

Assim fica fácil de memorizar a sequência dos assuntos. Agora você precisa memorizar cada assunto individualmente, pois, é mais fácil memorizar vários textos pequenos do que um texto grande.

Outra maneira é fazer associação entre os tópicos, formando uma estória mental: O caminhão de lixo pegando o *lixo reciclável* na minha casa, levando-o para ser reciclado, evitando assim o desmatamento e extração mineral excessiva, para proteger o *meio ambiente*. A empresa de reciclagem fica ao lado da fábrica de veículos elétricos, que diminuem a *poluição* na atmosfera visando um *futuro sustentável* com o fim dos carros a combustão.

Agora, se você realmente vai optar em decorar textos, então, sugiro seguir técnicas de memorização. Existem muitos livros sobre esse tema e serão de grande valia já que essas técnicas não são o objeto de discussão neste livro.

Questionário sobre o capítulo XII.

Responda:

1- Cite algumas vantagens da fala decorada.

____
____
____
____
____
____
____
____
_______________________________________.

2- Cite as desvantagens.

____
____
____
____
____
____
____
____
____
_______________________________________.

3- Quais as sugestões para memorizar o texto?

____
____
____
____
____
____
____
____.

Capítulo XIII

O uso do microfone

Uma das grandes falhas que observamos nos oradores é com relação ao uso do microfone.

Se for microfone de tribuna, tome o cuidado de não o deixar muito para frente, tendo assim que se curvar para falar. Posicione-o de maneira que fique na distância ideal, que depende muito da regulagem do volume. Para que o som saia em bom-tom é aconselhável regular o volume para falar a uns cinco a dez centímetros de distância.

Mantenha-o sempre na altura da ponta do queixo, assim não encobre seu rosto, possibilitando sua completa visualização e, simultaneamente, tem-se uma ótima captação da voz.

É indispensável checar todo o equipamento que será utilizado antes do público chegar, pois havendo algum problema, haverá tempo hábil para corrigi-lo.

Se houver problemas com a haste, durante a apresentação, não pense duas vezes, retire o fone da haste e segure-o na mão. Neste caso cuidado com um erro habitual. Segure o microfone sempre na mesma distância. Para tal você pode apoiar levemente o cotovelo na lateral do seu corpo e manter sempre o braço na mesma abertura. Ao virar o rosto, vire o braço junto. Treine este gesto para acontecer como se estivesse com o cotovelo grudado nas costelas e a mão numa haste com a outra extremidade colada ao queixo. Com isso não quero dizer que não deva mexer o braço, pode movimentá-lo, só tome o cuidado de mantê-lo no lugar quando estiver falando. Desta forma o som sairá sempre na mesma altura.

Com relação ao microfone de lapela, não se preocupe muito com ele, esses são ótimos, pois tem uma boa captação e estarão sempre na mesma distância e por serem fixos permitem inclusive uma excelente movimentação no palco.

Vale atentar, porém, para alguns detalhes. Nem pense em bater no peito ou bater palmas com este tipo de microfone, eles têm uma excelente captação e captam o som das batidas fazendo um estrondoso ruído.

Erro terrível será cochichar com alguém, pode ter certeza que todos ouvirão.

Também apesar de parecer um erro impossível, vamos alertá-lo, pois acontece às vezes. Não esqueça de retirar o microfone antes de se retirar.

Questionário sobre o capítulo XIII.

Responda:

1- Descreva o que você aprendeu quanto à maneira correta de usar o microfone de haste:

____
____
____
____
____
____
____
_______________________________________.

2- E sobre o microfone de lapela?

____
____
____
____
____
____
_______________________________________.

Capítulo XIV

Perguntas frequentes dos alunos

1- Se o ouvinte formular uma pergunta que você não sabe a resposta, o que fazer?

R.: Não invente resposta. Mais dia menos dia a verdade aparece e aí adeus para tua reputação. Admitir não saber às vezes é a melhor solução, mas é arriscado para imagem também. Melhor fazer o seguinte:

A - Se perceber que a pergunta veio de alguém que está tentando demonstrar conhecimento, responda com outra pergunta: *"Ótima pergunta a sua. Você gostaria de explicar o que você pensa a respeito aos demais?"* Existe uma grande chance de você obter a resposta da própria pessoa que formulou a pergunta.

B- Se a pessoa se recusar ou não souber a resposta, solicite que um voluntário de sua opinião a respeito. Se ninguém souber a resposta ou ninguém responder, aí, sim, abra o jogo e se prontifique a pesquisar e passar a resposta. Para tal você pode, por exemplo, indicar um atalho na internet em sua página caso a tenha, caso contrário forneça teu e-mail para que, quem quiser a resposta, entre em contato. Se for um curso, você pode voltar com a resposta no dia seguinte.

2- Se as pessoas começarem a falar durante sua apresentação o que fazer?

R.: Já abordamos este assunto no treinamento, mas aqui vão algumas sugestões adicionais:

A - Continue falando normalmente, só que olhando em direção de quem está falando na plateia;

B - Fale mais baixo (Nunca mais alto). Assim, a voz dos fulanos será ouvida pelos demais que estão mais próximo e estes se sentirão inibidos em continuar falando;

C - Pare de falar por um instante, geralmente resolve;

D - Faça uma pergunta direta sobre o assunto que você está desenvolvendo a um dos fulanos que está falando. Se ele não souber, lhe dê a resposta. Se ele souber, elogio-o e peça atenção de todos para o complemento que você dará com relação à pergunta feita. (Isso o deixará inibido, pois não soube a resposta na íntegra). Se não tiver um complemento em mente, peça silêncio e atenção de todos para o próximo item a ser abordado;

E - Se estes recursos não resolverem deve ser boicote ao seu treinamento. Nesse caso peça silêncio ao fulano explicando-lhe que está atrapalhando seu treinamento;

F - Se ainda não resolver, é hora de fazer um sinal discreto a alguém da direção do local para retirar os fulanos da sala.

3- Como usar o quadro de forma adequada?
R.:
A - Não fale e escreva simultaneamente, quase todos fazem isso, mas é totalmente errado. A fala ficará muito lenta e nada natural. Ou fale toda a frase e então escreva ou escreva e então a leia;
B - Posicione-se sempre ao lado do que você está escrevendo, assim quem quiser copiar ou ler poderá fazê-lo;
C - Antes de entrar em cena cheque os pincéis para ver se há tinta suficiente, caso contrário solicite novos pincéis.
D - Durante a explanação dos itens escritos no quadro, não fale olhando para este. Olhe para ele apenas quando apontar para o item citado, depois disso, olhe para a plateia e continue explanando.

4- Se cometer um erro o que fazer ao perceber?
R.: Se cometer um erro de informação, não tenha dúvida, terá que corrigi-lo. É melhor que deixar saírem com informação errada. A função do professor ou palestrante é instruir corretamente.
Se for erro na pronúncia ou no uso equivocado de uma palavra, deixe como está e providencie para usar a respectiva palavra

na frase seguinte de forma correta, assim perceberão que foi um erro de fala e não por falta de conhecimento.

Fim

Produção, pesquisa e elaboração:
Edgar Farinon.

Bibliografia:

Comunicação verbal – IOB (Volumes 01 a 10);

Como falar corretamente e sem inibições (Reinaldo

Polito);

A Busca do Triunfo (Edgar Farinon).

Contrate nossos serviços:

escritoredgarfarinon@gmail.com
www.edgarfarinon.com.br

Todos os direitos reservados a:

Edgar Farinon